Geschichten

aus der Reihe
„Perlen unserer Erinnerung"

AF176028

alte
Schätze

Carmen Sabernak (Hrsg.)

Bibliografische Information der Deutschen Nationalbibliothek:

Die Deutsche Nationalbibliothek verzeichnet diese Publikation in der Deutschen Nationalbibliografie; detaillierte bibliografische Daten sind im Internet über dnb.d.nb.de abrufbar.

Impressum

2021 © Carmen Sabernak, alle Rechte vorbehalten

Herstellung und Verlag:

BoD – Books on Demand, Norderstedt

Satz und Layout:

Nicole Mewes

Bildnachweise:

© by-studio © sonne fleckl - Fotolia.com

© Nicole Mewes (Schätze der Autorinnen)

ISBN: 9783755741275

Inhalt

Vorwort

Carmen Sabernak hatte die Idee, die Erinnerungen unterschiedlicher Menschen zu sammeln.

Erinnerungen, die wertvoll wie Perlen sind. Sie fragte in der Teltower AWO-Gruppe nach und es fanden sich schnell MitstreiterInnen.

Einmal im Monat trafen sie sich, tauschten Erinnerungen aus, lasen aus ihren Geschichten und verbrachten schöne gemeinsame Stunden. So wurde recht schnell der Entschluss gefasst, diese „Perlen unserer Erinnerungen" in kleinen Büchern aufzubewahren.

Die Geschichten sind so unterschiedlich, wie die Menschen, die sie erlebt haben. Einzelne Geschichten wurden zum Teil schon vor einigen Jahren verfasst. Deshalb finden sich teilweise auch noch Texte in der alten Rechtschreibung. Diese wurden absichtlich nicht angepasst, denn es sind Perlen aus der betreffenden Zeit.

~ 4 ~

Wir wünschen Ihnen ebenso viel Vergnügen beim Lesen, wie wir Freude hatten, das Buch zu gestalten.

Herzliche Grüße
das AutorInnenteam

Kann das weg?

„Nein" und es ist auch keine Kunst. Ganz im Gegenteil, es handelt sich um alte Dinge mit Gebrauchsspuren. Immer wieder, im Laufe des Lebens, hält man Gegenstände in den Händen, von denen wir uns eigentlich trennen wollten und sollten - oder doch nicht? Plötzlich erinnert man sich an Menschen, Ereignisse, Situationen, die genau mit diesem Gerät oder diesem Etwas im Zusammenhang stehen. Dann ist klar, „das bleibt". Es hat mich doch begleitet jahrzentelang und immer hat es seine Funktion erfüllt. Es sieht nicht mehr so gut aus, ist nicht „in" und weist kleine äußerliche Mängel auf. Die Zeit und die Benutzung erzeugten die Spuren. In meiner Küche gibt es drei solche Sachen, die immer wieder den Weg in die Schränke zurück gefunden haben. Einen Topf, ein Messer und eine „Flotte Lotte". Längst hätte ich sie im Zuge von Erneuerungen, Umzügen oder Renovierungen ersetzen können. Aber - nein -, die Erinnerungen sprachen dagegen.

Mein roter Tomatensoßentopf wurde ungefähr 1970 im damaligen Trend-Kaufhaus in Teltow gekauft. Er gehörte sozusagen zur Erstausstattung unserer

Küche in der ersten Wohnung. Seine Maße: 22 cm im Durchmesser, 8 cm hoch, innen blau, zwei Griffe, ein dicker, beschichteter Boden. Außen ist ein Blumendekor auf rotem Grund rundherum. Aus Emaille ist er. Auch als Gemüsetopf prima geeignet. In all den vielen Jahren habe ich niemals Tomatensoße in einem anderen Topf gekocht. Daher hat er auch seinen Namen: "Tomatensoßentopf". Als die Kinder groß waren und sich schon mal selber etwas kochten, Tomatensoße mit Nudeln war da ziemlich beliebt, benutzten auch sie nie einen anderen Topf. Manchmal, wenn sie jetzt zu uns kommen und den roten Topf sehen, hören wir die Geschichten von übergekochten Nudeln und der Tomatensoße nach Mamas Rezept.

Die zweite Sache ist ein Messer, welches noch von meiner Mutter stammt. Ein wahres Allzweckmesser, zum Bestreichen von Brot das Beste, aber auch zum Schneiden, nicht zum Schälen von Gemüse oder zum Petersilie Hacken, prima geeignet. Sehr verschiedene Dinge kann ich mit diesem Messer gut erledigen. Es ist ganz aus Metall – Edelstahl, auch der Griff. Insgesamt ist es 24 cm lang, die Klinge misst 13 cm. Ich benutze es jeden Tag. Auch wenn die Optik gelitten hat in all den Jahren, das es schon auf dem „Buckel" hat. Oft denke ich daran was für Berge von Broten, Schulbroten, Reiseproviant damit geschmiert worden sind und wie viele Äpfel, Gurken, Kohlrabis, Möhren usw. damit geschnitten wurden. Meiner Mutter, meiner Oma und nun mir ist es so lange Zeit ein Begleiter mit Erinnerungswert.

Mein drittes Uraltstück ist die „Flotte Lotte". Ein Gerät zum Verarbeiten von Obst und Gemüse. In den Nachkriegsjahren hatte die „Flotte Lotte" eine große Bedeutung. Wir hatten zwei Gärten und mussten vieles verarbeiten, für die Winter haltbar machen. Apfelmus, Säfte, Konserven wurden selbst, mit Hilfe auch dieses Küchengerätes, hergestellt. Nicht zu vergessen die Kartoffelklöße, die es nicht nur Weihnachten gab, gelangen damit immer gut. Heute gibt es so viele tolle Küchenmaschinen mit allen möglichen Funktionen.

Da mutet meine „Flotte Lotte" zum Drehen per Hand wirklich an wie aus einer anderen Welt. Sie ist sperrig, schwierig zu reinigen und kommt nicht in die Spülmaschine, aber wird mich sicher überleben. Wenn ich sie ab und an benutze, denke ich an meine Kindheit, als mit dieser Küchenhilfe unsere große Familie oft satt gemacht wurde.

Margrit Prauß, 22.04.2021

Die Puderdose

Mich begleitet in meinem Leben seit mehr als 60 Jahren eine mittelgroße Holzkiste, die vermutlich von meinem Großvater stammt. Sie ist nicht besonders schön, und eigentlich habe ich mein Vorhaben, sie mal hübsch zu bemalen, noch nicht geschafft. Sie bedeutet mir sehr viel, beinhaltet sie doch Dinge, die in meinem Leben eine wesentliche Rolle gespielt haben. Sozusagen eine „Erinnerungsschatzkiste" .

Immer, wenn ich meine Seele auffüllen muß, mich die Vergangenheit in positiven und auch negativen Sinne einholt, dann öffne ich diese Kiste. Es tut mir immer sehr gut, ich finde manche Erinnerungsschätze wieder, die ich fast vergessen hätte.

So auch eine kleine Puderdose, die ich seit 1959 aufbewahre. Geschenkt bekam ich sie zum 16. Geburtstag von meinem ersten Freund, den ich zum Geburtstag nach Hause einladen durfte. Er war, wie man sagt, meine erste Jugendliebe. Wir waren damals ja noch sehr zahm und zurückhaltend erzogen, was „Liebe" betraf.

Damals wusste ich eigentlich mit dem Puder nicht so richtig was anzufangen. Benutzt habe ich diese Puderdose nie.

Mit ihr kommen die Erinnerungen an meinen Freund Burkhard stets wieder! Die Erinnerung an die Schülerbälle der Oberschule, an Petticoats und Rock'n Roll. Man hörte natürlich die „Schlager der Woche".

Als ich dann 1960 zur Fachschule nach Luckenwalde ging, da war diese „Jugendliebe" nur noch auf Briefe begrenzt. Wir trafen uns höchst selten, was mich traurig machte. Das Schicksal wollte es so. Im Sommer 1961, ich hatte Semesterferien, trafen wir uns zufällig. Beide waren wir berührt, ich besonders, ich wollte ihn damals heiraten ...., so war mein Plan. Das wusste er ganz sicher nicht. Ihn oder „Keinen", war damals meine Devise.
Er war bepackt mit einer großen Tasche, aus welcher der Tennisschläger ragte und sagte mir, er würde zum Turnier nach Stralsund fahren. Komisch, er ließ viele Straßenbahnen fahren, ohne einzusteigen. (Was mir sehr imponierte). Er musste doch zum Zug!! Die Bahn kam, er drückte mich sehr fest und stieg ein. Mein Herz hüpfte vor Freude und Gefühl. Wir verabredeten uns in letzter Sekunde zu einem Treffen,

wenn er wieder zurück ist. Dann sah ich ihn winkend, mit traurigen Augen am Fenster. Diesen Blick habe ich nie vergessen.

Es war der 12. August 1961 um 17 Uhr. Die Bahn fuhr an, und ich wusste plötzlich, dass wir uns nie wiedersehen werden.

Der nächste Tag war der 13. August. Er schrieb mir aus Wuppertal, seine Eltern (Zahnärzte) hatten schon am Vormittag die DDR verlassen. Er durfte es nicht verraten.

Mir blieb, bis zum heutigen Tag diese Puderdose. Jugendliebe vergisst man nie.

Übrigens, den Puder habe ich nun endlich entsorgt....

Karin Brzezicha

Die verflixte Technik

Zu einem Besuch brachte meine Freundin ihren Enkelsohn mit. Max, zehn Jahre alt und ein pfiffiges Kerlchen. Ich war gerade bei der Zubereitung der Mittagsmahlzeit, hatte meinen Mixer in Aktion, als Max mit großen Augen fragte, was das für ein komisches Teil sei.

Kurze Antwort.
RG 28x.

Davon hatte er noch nie was gehört. Ich erklärte ihm, dass das auch kaum möglich war, denn das Gerät war Baujahr 1963. Nun war das Staunen groß bei Max.

1963? Da war doch noch die DDR und ihr hattet schon Mixer?

Na und!

Das hier ist sogar schon die Kombi – Luxusausgabe. Mit dem Handstück kann man mit den entsprechenden Zusatzteilen Teig kneten, Ei-Schnee und Sahne schlagen, Reiben in verschiedenen Stärken, Zerkleinern und es gibt auch einen Aufsatz zum Schleifen von Messern und Scheren. Auch kann er mit Aufsatz und Schüssel als Küchenmaschine genutzt werden. Mit einem weiteren Teil kann man den RG 28x auch als Stabmixer nutzen. Stabmixer gab es auch schon in den fünfziger Jahren.

Erstaunte Augen die ungläubig fragten, wie es kommt, dass so ein altes Teil jetzt noch funktioniert. Ob ich ihn kaum benutzt hätte. Nun konnte ich ihm erklären, dass der Mixer eigentlich das meist gebrauchte Gerät in meinem Haushalt war. Vom Babybrei bis zum Kartoffelpuffer, alles wurde mit ihm gemacht.

Max erstaunt.
So lange kann ein Gerät halten? Um Max über die Verlegenheit zu trösten und die Stimmung etwas aufzulockern, erzählte ich dann die Geschichte meines ersten Mixers, eines Stabmixers.

Mein Mann und ich kamen abends an „unserem" Elektrogeschäft vorbei und sahen da etwas liegen. Zwei Geräte, die wir nur aus dem Fernsehen kannten. Stabmixer. Zwei verschiedene Typen. Es war klar, morgen früh stehen wir bei Ladenöffnung auf der Matte des Geschäftes. Gesagt getan.

Der eine Mixer, die Form ist noch heute genauso, hatte das Messer unter einem geschlossenen Korb. Der andere Korb hatte Öffnungen. Ich hatte zwar keine Ahnung aber mein Bauchgefühl und auch ein Gedanke an die Folgen der Fliehkraft rieten mir, den mit dem geschlossenen Korb zu kaufen. War zwar motormäßig schwächer, aber auch etwas billiger und somit für mein Haushaltskonto günstig.

Am Abend waren wir bei einem Bekannten eingeladen. Der begrüßte uns freudig und verkündete, dass er uns gleich eine Neuigkeit vorführen könnte. Er hat schon einiges vorbereitet. Wir gingen in die Küche, dort stand schon eine Schüssel mit gewürfelten Kartoffeln und da lag er, der zweite Mixer.

Wir erfuhren nun, dass es im Ort nur zwei Exemplare zu kaufen gab, aber eines schon verkauft war.
Na klar – den hatten wir zu Hause, auch schon ausprobiert, ging super und wir waren total zufrieden mit unser Neuanschaffung.

Na mal sehen was der zweite bringt. Unser Bekannter war groß, leicht rotblondes lockiges Haar und einen gepflegten Kinnbart. So ein richtiger Kerl zum Verlieben. Zur Vorführung war auch noch ein befreundetes Paar anwesend. Sehr gepflegt gekleidet. Dann ging´s los. Mixer an und in die Schüssel gehalten. In Windeseile veränderte sich unser Aussehen. Der Mixer tat ganze Arbeit. Er zerkleinerte nicht nur die Kartoffelwürfel, das Ergebnis verteilte er auch durch die Öffnungen im Korb.

Wir bekamen alle etwas ab. Unser Bekannter hatte, da er ja den Mixer handhabte, am meisten abbekommen. Hatte die Kartoffeln im lockigen Haar und am gepflegten Bart. Aus dem anschließend geplanten Abendumtrunk in der Gaststätte wurde nichts, denn wir hatten alle etwas abbekommen und unsere Kleidung war nun nicht mehr zum Ausgehen geeignet. Das andere Paar wollte fast wütend werden, sie waren sauer. Das wurde ungewollt von mir verhindert, denn der Anblick war derartig witzig, dass ich mir einen Lachanfall nicht verkneifen konnte und hemmungslos loslachte. Mein Mann stimmte mit ein und bald siegte die Heiterkeit.

Es wurde aufgeräumt, der Mixer als Fehlkauf eingestuft, eine Flasche mit etwas Prozentigem fand sich auch und so wurde es trotzdem noch ein gemütlicher Abend.
Es wurde von der Herstellerfirma des Mixers später

auch noch ein Gefäß mit einer Abdeckung für das Gerät hergestellt, sodass auch dieser gut verwendet werden konnte.

Mein Stabmixer hat noch jahrelang gute Dienste geleistet. Beide Muster kamen dann verstärkt in den Handel und wurden gerne gekauft.

Jetzt – nach so vielen Jahren haben wir auch noch einmal über unsere ersten Mixer gelacht. Max sagte dann noch, dass er jetzt verstehe warum manche Leute so sauer sind, wenn jemand meint, wir hätten hinter dem Mond gelebt, wir aber Geräte hatten die vielleicht einfacher, aber von hohem Gebrauchswert und langer Haltbarkeit waren.

Eva-Maria Kluck, März 2021

Sammeltassen

Ich bin ein Kind des „Ostens", geboren in den Sechzigern, als Älteste von zwei Mädchen. Meine Eltern sind Anfang der Sechziger von Oranienburg nach Potsdam gezogen, wo ich meine Kindheit und Jugendzeit verbrachte. Wir wohnten in einer 3-Zimmer-Altbauwohnung nahe des Einganges von Sanssouci, mit einer Deckenhöhe von 3,65m und Stuckelementen an den Decken. Damals fanden wir es toll, uns durch die Durchgangszimmer zu jagen, immer vom Kinderzimmer, über Flur, Schlafzimmer, Wohnzimmer zu flitzen und uns gegenseitig zu haschen.

Wir spielten auf dem L-förmigen Hinterhof mit ca. 15 Kindern Gummihopse, Länderklau, trieben Kreisel mit einem peitschenähnlichen Stab an, prellten bis zur höchsten Anzahl Gummibälle an die Häuserwände, ohne das sich irgendein Nachbar aufgeregt hätte. Wir wuschen unseren Trabi im Hof, hängten Wäsche zum trocknen auf und mussten auch über diesen Hof zum Kohle holen in den Keller.

Ich weiß noch genau, das ich immer diesen Emaille-Kohle-Eimer zuerst an die Kellertür polterte, mehrere Male, bis ich mich hinein traute. Denn oft ist es mir passiert, das mich eine Ratte, mitten auf dem Kohlehaufen sitzend , starr anschaute. Ich hatte sehr große Angst vor ihr und dennoch war es so, dass ich ja die Kohlen holen musste, um heizen zu können, denn meine Eltern waren beide arbeiten und ich als ca. 11–12jähriges Mädchen, hatte die Aufgabe zu heizen, damit der Kohleofen die Wärme bis zum nächsten Morgen abgeben konnte.

Aber mit dem Frühling und im Sommer war ich dieser Aufgabe entledigt. Mitte Juli hatte meine Mutti Geburtstag und wir Kinder pflückten ihr auf Fahrradtouren, rund um den Templiner See, herrliche Kornblumensträuße, die sie liebte und es in all den Jahren dann zum Ritual wurde, ihr so einen bunten Feldblumenstrauß mit blauen Kornblumen, Roggenähren, Mohnblüten (die nie lange hielten) und Haferähren zu schenken.

Wir Kinder waren angehalten, den Tisch für die Geburtstagsfeier zu decken. Es kamen immer viele Verwandte, Kollegen und Kolleginnen und Freunde zu Besuch.

Meine Schwester Kathi und ich haben uns jedes Jahr

auf's Neue drüber lustig gemacht, wie kitschig und altmodisch doch die, von meiner Mutti heißgeliebten, Sammeltassen wären. Mit jedem Jahr unseres Älterwerdens und auch, als wir schon selbst Familien hatten, hassten wir die Sammeltassen mehr.

Dieses Hervorgeräume aus dem Schrank der „Guten Stube" das Sortieren der passenden Teller, Untertassen und Tassen, das Überlegen, welche Farbe passt am besten zum Nachbargedeck, das Geärgere, wenn an einer Tasse der Henkel abbrach und die mittlerweile vom Filterkaffee eingebräunten Innenleben der ach so geliebten Sammeltassen.

Wir fanden es einfach nur zu unruhig auf dem Tisch, dann noch der quietschbunte Feldblumenstrauß, die Tortenplatten, mit den bunten Kuchen, die Kaffeekännchen (natürlich andersfarbig und anders gemustert), die Zuckerdose und die Kaffeekanne aus Porzellan, die natürlich auch zu keinem Muster irgendeiner Sammeltasse passte.

Auch gab es beim Eindecken schon Überlegungen, wer wo sitzen könnte und wem wir die Schönste und wem die hässlichste Sammeltasse zudachten.

Nur eins stand fest, unsere Mutti bekam als Geburtstagskind immer ihre heißgeliebte allerschönste Sammeltasse, die natürlich auf dem Ehrenplatz, am Kopfende der Kaffeetafel, stand. Und trotz des hässlichen bunt gemusterten Geschirrs waren doch die Geburtstagsfeiern immer eine schöne fröhliche Sache, bei der gute Gespräche geführt wurden, alle „miteinander" waren und bei der wir uns alle wohl fühlten bis ....

Ja bis es ans Abwaschen und Abtrocknen der Dinger ging. Dann musste nämlich in unserer nicht sooo großen Küche alles freigeräumt werden, damit diese Geschirrteile auch ja richtig sortiert, gestapelt und weggeräumt würden. Und wehe, wenn solch ein Schmuckstück beim Abtrocknen zerbrach.

Es kam nicht oft vor, da wir ja wussten, wie heilig unserer Mutti diese Tassen waren. Aber wenn es dann doch mal passierte, obwohl wir uns die größte Mühe gaben ja nichts runter fallen zu lassen, waren wir beschämt und traurig und es tat uns unendlich leid. Denn wir konnten an den Augen unserer Mutti sehen, das sie sich ärgerte und gleichzeitig sah und wusste sie, das wir es nicht mit Absicht getan hatten. Sie hat nie viel geschimpft, sie war traurig und hat uns vermittelt, das so etwas mal passieren kann und eine Schimpftirade auf uns, diese schöne Sammeltasse auch nicht mehr heilt.

Aber wenn nur eine kleine Ecke abgeplatzt oder ab-gebrochen war, wurden alle Einzelteile gesichert, auf ein Leinentuch gelegt und mein Vater hat mit einem Spezialkleber manche gute Tasse oder einen Teller retten können.

Heute, sechs Jahre nach dem Tod meiner Mutter, fin-den sich doch in meinem Geschirrschrank tatsächlich 3 der allerschönsten Exemplare, darunter die Lieb-lingssammeltasse meiner Mutti. Und manchmal ist es so, dass ich sie zu einem besonderen oder auch nicht besonderen Anlass hervorhole, daraus Kaffee trinke, am liebsten mit meiner Schwester.

Dann ist es so, dass wir uns erinnern und sagen „Weißt du noch" ..., uns dann immer noch Wehmut aber auch Dankbarkeit überkommt, für die schönen Erlebnisse und Feiern, die wir zusammen mit unse-ren Eltern, Verwandten und Freunden an diesen so schön gedeckten Kaffeetafeln mit den

SAMMELTASSEN
hatten.

Aufgeschrieben von der allerbesten Freundin der Herausgeberin des Buches. Freundinnen, die im nächsten Jahr ihr 40-jähriges Freundschaftsjubiläum feiern werden!!!!!

Gesucht - gefunden - über hundert Jahre alt

Also ich bin noch nicht über hundert. Allerdings auch nicht mehr sehr weit davon entfernt. So verändert sich so einiges. Meine Oma sagte immer: Ab fünfzig wächst man in die Erde zurück. Habe ich in jungen Jahren nicht so richtig verstanden. Jetzt weiß ich, dass sie recht hatte. Von meiner einstigen Größe von 1,70m sind noch mickrige 1,60m übrig geblieben. Da steht man vor Problemen, von denen man bis dahin nichts ahnte. Die Garderobe passt nicht mehr. Was einst eine proper Figur machte, ist jetzt zu lang, zu weit, die Proportionen stimmen einfach nicht mehr. Bei manchen mag es genau andersherum sein.

Alles zu eng und die Knöpfe können die Bluse nicht mehr zusammenhalten. Nun ja – ich gehöre nun mal zu den Schrumpfgermanen, ach so, heute muss ich ja gendergerecht "Schrumpfgermaninnen" sagen. So stand ich dann wieder einmal vor dem Problem, aus dem Vorhandenen das Richtige auszusuchen. Die Kleidung hatte ich ja inzwischen schon fast komplett ausgetauscht. Alters- und figurgerecht. Jetzt ging es an das Tüpfelchen auf dem i, die passende Kette.

In der Menge muss doch das Richtige zu finden sein. Doch sooo einfach war es dann doch nicht. Zu lang, zu kurz, zu weit, oder einfach nicht stilgerecht. Was lag da noch herum? Muss wohl Silber sein. Total angelaufen. Ein Anhänger 7cm lang. Ein Hirsch in einem geschmackvollem Rahmen. Meine Güte – wo ist der denn her? Ach ja, den hatte mir meine Mutter irgendwann mal zum Spielen gegeben, als ich sie als Kind wohl zu sehr nervte. Stimmt!

Sie hatte mir damals erzählt, dass sie den Anhänger selbst angefertigt hatte. Während ihrer Ausbildung auf der Handelsschule musste sie ein Praktikum in einer Silberwerkstatt ableisten. Zum Abschluss durfte sich jeder ein Schmuckstück anfertigen. Das war der Hirsch. Dafür, dass er nach meiner Rechnung so ungefähr hundert Jahre alt ist, sieht er geputzt und blank eigentlich recht gut aus. Aber nun eine passende Kette dazu? Also weiter gekramt. Alle modernen waren entweder zu leicht für den recht schweren Anhänger oder stilistisch unmöglich.

In der Andenkenschatulle mit Sachen meiner Großmutter fand ich dann eine Kette. Auch Silber. Die Glieder einzeln geformt 3mm lang und 2mm breit. Die Länge entsprach meiner Vorstellung. Ich hatte sie nie getragen, denn sie war Erinnerung an eine, für mich, schwere Zeit. Meine Großmutter hatte sie im

Jahr 1888 als Taufgeschenk bekommen und sie später ständig bis zu ihrem Tode getragen. Sie war an Krebs gestorben und ich hatte sie, da meine Mutter krank war, die letzten Wochen gepflegt. War damals gerade vierzehn Jahre alt und ging noch zur Schule. Es war eine schwere Zeit für mich gewesen.

Heute würde man dazu sagen: "Schwer traumatisiert". Die Kette erhielt ich, da ich Oma bis zum Ende auf ihrem letzten Weg begleitet hatte, als Andenken an diese Zeit. Die Entscheidung beide Schmuckstücke zu tragen war durch die Erinnerung nicht ganz einfach. Ich glaube aber, meine Oma und auch meine Mutter würden sich freuen, dass ihre Schmuckstücke nach über hundert Jahren jetzt noch getragen werden. Sogar bewundert werden.

Ein Arzt, bei dem ich zu einem Gespräch war, bot mir zweihundertfünfzig Euro für den Schmuck. Ist aber unverkäuflich! Durch den Gebrauch der Kette konnte ich nach über siebzig Jahren das Geschehen, das mich in den Besitz der Kette gebracht hat, endlich aufarbeiten und sogar zum Teil positiv bewerten. Kette und Anhänger sind zu meinem Lieblingsschmuck geworden und ich hoffe, dass eine meiner Enkelinnen sie auch in Ehren halten werden.

Eva-Maria Kluck

Die alte Gabel und das moderne Backbuch

Schöne neue Dinge im Haushalt erfreuen das Herz der Hausfrau und des Hausmannes. Praktische Geräte, die schnell alles erledigen, sind toll.

Allerdings sind sie auch schnell vergänglich und überleben meist nicht einmal die Garantiezeit. Da lob ich mir doch die guten alten Dinge, die einmal für die Ewigkeit gedacht waren und auch deshalb so hergestellt wurden.

In meiner Küche gibt es viele neue Dinge, aber es gibt auch noch einige Sachen die schon ziemlich alt sind und auch noch gebraucht werden. So z. B. eine ganz alte, schöne, schlanke Gabel, die ganz oft benutzt wird. Sie liegt im Besteckkasten neben den neuen Gabeln und fühlt sich da ganz wohl.
Es ist *die* Gabel, „vererbt" vom Opa meines Mannes. Da der Großvater früher in Bessarabien lebte und Ende der dreißiger Jahre vertrieben wurde, wanderte die Gabel durch viel Hände und Länder.
Sie wird nicht nur zum Essen benutzt, nein auch zum

Zubereiten von Speisen.

Da sie sehr lang ist und die Zinken ebenfalls, eignet sie sich wunderbar zum quetschen von Kartoffeln und Gemüse.

Das Besondere ist auch die Gravur am Gabelgriff. Leider haben wir bis heute noch nicht herausbekommen, ob das ein Wappen ist, es besteht aus einer Fahne und 4 Buchstaben. Wenn es bei  uns u. a. auch mal wieder bessarabisches Essen gibt, dann wird diese Gabel auch natürlich für das Mahl benutzt.

Zu den anderen alten noch nutzbaren Dingen kommen wir jetzt.

Was ist das moderne Backbuch? Das Internet.

Möchte man etwas kochen oder backen und kennt das genaue Rezept nicht, dann wird erst einmal „gegoogelt". Das heißt man geht in das Internet, sucht sich eine Suchmaschine, gibt einen Suchbegriff ein und schon hat man hunderte Rezeptvorschläge zur Auswahl. Es gibt kaum eins, das mit einem anderen identisch ist.

TÜRKEI. ÖSTLICHE HÄLFTE

Möchte ich aber dass der „Kalte Hund" so schmeckt wie bei meiner Oma, dann greife ich zu meinem guten, alten Backbuch. In diesem Backbuch hat nämlich auch meine Oma nachgeschlagen, um dieses leckere Backwerk zu erstellen. Allerdings hießen damals manche Sachen anders und so finde ich

den „Kalten Hund" unter Lukullus auf Seite 117.

Ellen Wutschik, Mai 2021

Lukullus
200 g Pflanzenfett, 75 g klarer oder Staubzucker, 30 g Kakao, 1 bis 2 Eier, 2 Pakete Butterkeks (Tortenkeks).

Während das Pflanzenfett auf kleiner Flamme zerläuft, Zucker, Kakao und Ei verrühren. Das sich abkühlende Pflanzenfett ganz allmählich, fast tropfenweise zugießen. In eine mit Butterpapier ausgelegte Kastenform eine Schicht Lukullusmasse streichen, darauf Keks anordnen und so fortfahren, bis die Schokoladenmasse aufgebraucht ist. Zuoberst sollen Keks liegen. Nach dem völligen Festwerden aus der Form stürzen und in schmale Scheiben schneiden. – Die Lukullusmasse läßt sich auch auf einen Mürbeteig- oder Biskuitboden, nach Belieben aber auch auf übereinanderzusetzende Karlsbader Oblaten streichen und mit buntem Streuzucker, kleinen Gebäckstücken, Kokosflocken, Mandelhälften oder Nußsplittern verzieren. – Durch die Zugabe von ½ Teelöffel feingemahlenem Kaffee, 1 Eßlöffel Rum, ½ Päckchen Vanillinzucker, ein wenig abgeriebener Apfelsinen- oder Zitronenschale bekommt die Schokoladenmasse eine andere Geschmacksnote.

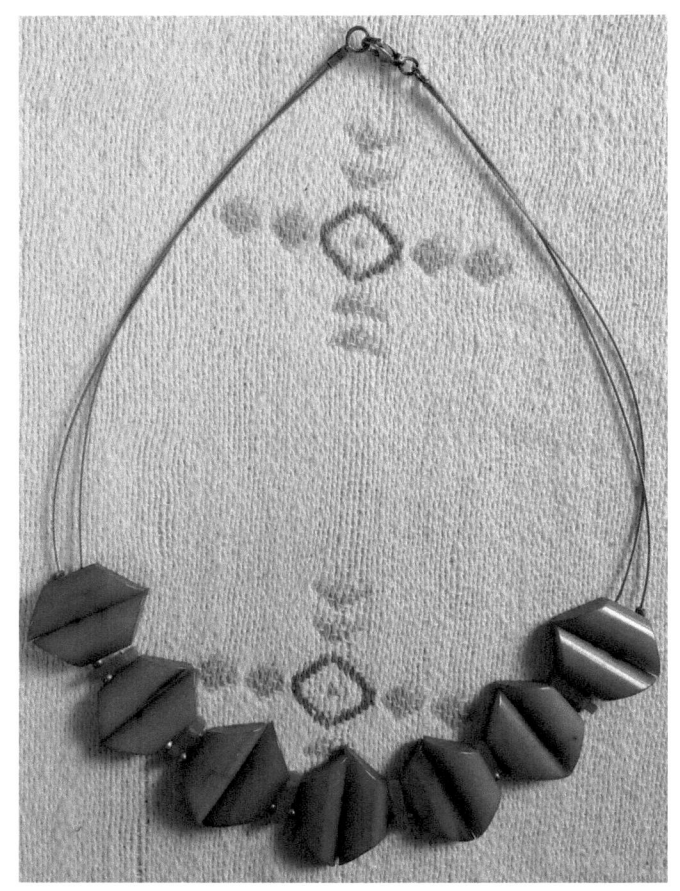

Das Gold des Meeres

BERNSTEIN – seit Jahrhunderten erweckte dieser wunderbare, in vielen Farben schimmernde Stein die Bewunderung und das Interesse bei den Liebhabern aus aller Welt.

Die goldfarbigen „Perlen wie die Sonne" wurden schon von Homer besungen.

Danzig liegt an der Kreuzung der historischen und heutigen Bernsteinwege. Die Stadt trägt den Titel „Welthauptstadt des Bernsteins". Ein großer Hafen an der polnischen Ostsee verbindet sie mit der ganzen Welt. Meine Eltern lebten einige Jahre in einem Danziger Vorort. Sie kannten die Schätze des Meeres und den daraus gefertigten Schmuck. Mein Vater liebte es, unsere Mutter mit einem Geschenk zu überraschen. Ein ungewöhnliches Armband mit matt glänzenden geschliffenen Bernsteinen hatte es ihr besonders angetan.
Der Schmuck passte sich dem Handgelenk bereitwillig an, denn die Steine waren auf dünne Gummischnüre gefädelt. Diese praktische Erfindung lernten wir Mädchen in späteren Jahren selbst kennen.

Das Schmuckstück, in warmen gold-gelben Farbtönen, begleitete unsere Mutter zeitlebens. Nach ihrem Tod gelangte es in meine Hände – ein glänzendes Stück Erinnerung!

Als junge Frau schmückte ich mich gern zu besonderen Anlässen mit einer passenden Halskette, trug aber keine Armbänder.
So ruhten die wertvollen Danziger Bernsteine ungenutzt in einem Schmuckkästchen.

Eines Tages beschloss ich, aus dem Armband eine Kette fertigen zu lassen. So gestaltete der von mir beauftragte Goldschmied nach gemeinsam entworfenen Plänen, eine kunstvolle Halskette. Silberglänzende kleine Perlen ergänzten die geschliffenen Bernsteine und bildeten eine harmonische Einheit. Dieser Schmuck wurde zum Blickfang und manches Mal bewundernd betrachtet. Viele Jahre befand er sich in meinem Besitz.

Nun gehört das kleine Erbstück meiner Tochter und wird die Erinnerung an ihre Mutti und Oma bewahren.

Hannelore Wolf

Die „Tücken" der Technik

Die Geschichte vom Schnellkochtopf offenbart, welche Gefahren im Umgang mit hilfreichen Erfindungen für die Hausfrauen verborgen liegen.

So passierten schon etliche Unfälle durch „unsachgemäßen" Gebrauch in den deutschen Küchen.

Der Schnellkochtopf ist ein Topf, in dem Lebensmittel bei höheren Temperaturen als der Normalsiedetemperatur gegart werden können. Dadurch verkürzt sich die Kochzeit enorm und, man spart viel Energie.

Im Jahre 1679 erfand der Franzose Denis Papin den Topf, mit dem durch Erzeugung unterschiedlicher Drücke die Siedetemperatur von Wasser beeinflußt werden konnte. In Weiterentwicklung der Erfindung kam unter dem Markennamen „Sicomatic" 1927 ein modernerer Topf auf den Markt.
Der Züricher Max Keller reichte 1946 ein Patentgesuch ein für einen: Einsatzkörper für Druckgefäße, insbesondere Druckkocher!
Dieser war mit einer Signalvorrichtung und einem Überdruckventil versehen.

Einen Schnellkochtopf dieser Ausführung bekam ich als junge Frau von meiner Mutter vererbt. Sie wollte mich damit in meinem ersten Hausstand unterstützen. Zur Familie gehörten damals zwei Erwachsene und drei kleine Kinder.

Dieser Kochtopf leistete mir viele Jahre gute Dienste. Er verkürzte die Zubereitungszeit, insbesondere von Fleischgerichten, auf wunderbare Weise. Die bei den Kindern beliebten Hefeklöße erreichten im Dampfeinsatz des Topfes eine Supergröße – es war schon eine prima Erfindung! Auf dem Topfdeckel pendelte während des Garprozesses beständig eine aufgesetzte Glocke. Diese erzeugte laute Zisch- und Fauchtöne, die schon furchteinflößend wirkten. Es war also Vorsicht bei der Benutzung des Schnellkochtopfes geboten.

Lange Zeit benutzte ich ihn ohne besondere Vorkommnisse. Dann kam der Tag, an dem ich aus Falläpfeln Mus zubereiten wollte. Trotz aller Vorsicht ließ ich aber die physikalischen Gesetze unbeachtet. Die Äpfel entwickelten während des Garprozesses überschüssigen Saft, der die Flüssigkeitsmenge im Topf erheblich steigerte.
So kam es, wie es kommen mußte: Der in vollem Be-

trieb und unter starkem Druck stehende Topf ließ die Glocke mit lautem Zischen vom Deckel hochschnellen und bis an die Küchendecke schleudern. Das Apfelmus bahnte sich durch die entstandene Öffnung sofort seinen Weg und schoss in rasanter Geschwindigkeit ebenfalls bis an die Decke. Das Umfeld über mir und die Küchenwände rings umher wurden mit süßem Mus verziert!

Ich stand wie gelähmt vor dem Herd und starrte auf das fauchende Ungeheuer, das den Inhalt des Topfes ungebändigt versprühte. Nach ein paar Schrecksekunden stellte ich die Stromzufuhr ab und warf ein nasses Handtuch über den Topf. Es dauerte eine Weile, bis dieser mit dem kläglichen Rest von Apfelmus endlich zur Ruhe kam. Völlig deprimiert betrachtete ich den angerichteten Schaden.

Wie sollte ich der Familie dieses Unglück erklären?! Aber alle zeigten Verständnis für das Geschehen und waren froh, daß ich dieses Ereignis ohne Verletzungen überstanden hatte. Die Küche erhielt einen neuen Anstrich und der Schnellkochtopf kam nur noch unter größter Vorsicht zum Einsatz.

Die neue Generation dieses Wunderwerks der Technik

schließt Gefahren – wie in der Geschichte beschrieben – in der heutigen Zeit aus. Sie sind sicher und zuverlässig – ein treuer Helfer in jedem Haushalt.

Hannelore Wolf, 2021

Alte Schätze,

so heißt unser Büchlein aus der Reihe „Perlen der Erinnerungen".

Alte Schätze, die wir bewahren und weitergeben wollen, sind nicht nur Dinge und Gegenstände, die uns lieb und teuer sind. Oft ist es ideelles Gut in Form von Gedichten, Liedern, Sprüchen etc. Sie beinhalten zum Teil Wahrheiten und Weisheiten, die auch heute für Menschen wichtig sind und zur Orientierung im Leben beitragen können. So ist es mit diesem alten Lied von Weihnachten. Es beschreibt die Freude und Bewunderung der einfachen Menschen und Hirten, die das Kind in der Krippe und seine Eltern finden – die Geburt Jesus.

„Frede über Frede" stammt aus dem Sudetenland. Dort wurde die böhmische Mundart gepflegt, bevor die Deutschen aus ihrer dortigen Heimat gegen Ende des zweiten Weltkrieges vertrieben wurden.

Die Menschen haben ihre Traditionen und Überlieferungen in ihre neuen Heimatregionen mitgenommen. An materiellen Gütern waren sie doch sehr arm. Am Heiligen Abend, vor der Bescherung gehörte das Lied „Frede über Frede" zum Ritual.

Großeltern, Eltern und Kinder sangen es jedes Jahr wieder. Der Text prägte sich mit der Zeit ein und nun kennt das Lied auch die Generation der Enkel derer, die es damals mitbrachten.

Es braucht nur *Einen*, der textsicher ist und anstimmt. Dann singen *Alle* die einfache Weise mit. Manchmal wird die Reihenfolge der Strophen untereinander korrigiert, was wiederum die Spannung auflockert. Als Gegenpol zu den vielen englischen oder amerikanischen Weihnachtsliedern empfinden wir es wohltuend diese alte Weise der Hirten von Bethlehem zu singen.

Auf die Art sind unsere Vorfahren am Heiligen Abend immer ein bisschen mit dabei und das ist schön.

Liedtext:

Frede über Frede! Ihr Nubbern kommt und hiert, wasch's gestern of dr Hede für e Wunder ist passiert.

I. S kam vom Fald a Engel, swar grad um Mitternacht. Der sang e schie
   Gesänge, das Herz im Leibe lacht.

Refrain:
Dudeldu, dududu, Dudeldudu, dudu, du;

II. Ich sprang glei über Zäune, zur Spaalde guckt ich nei, da sah ich en
　　paar Leute und en Kindl lag dabei.

Refrain:

III. S hat e Häubl wie a Täubl und zwe Äugel wie zwe Stern, s hat e
　　nieweißes Hemdl, s war gefruren wie a Kern.

Refrain:

IV. S hat ke Plötzel Bettl, s lag of em Wischel Struh, das Kindl wor so
　　nette, ke Moler brängts ne su.

Refrain:

V. Gieht ok lieber salber, ich konns euch gar net son, wasch's gestern of
　　dr Hede für e Wunder zugetron.

Refrain:

Frede über Frede – Übersetzung:

Freude über Freude, ihr Nachbarn kommt und hört:
was gestern auf der Heide für ein Wunder ist passiert.

1. Es kam vom Feld ein Engel, es war grad Mitter-
nacht, der sang ein
    schönes Lied, dass das Herz im Leibe lacht.

    Refrain:

2. Ich sprang gleich über Zäune, zur Spalte schaut
ich rein, da sah ich
    zwei Leute und ein Kindlein lag dabei.

    Refrain:

3. Es hat ein Mützchen wie ein Täubchen und zwei
Äuglein wie zwei Stern,
es hat ein schneeweißes Hemdchen, das war gefro-
ren ganz fest.

    Refrain:

4. Es hat kein Bettchen, es lag auf Stroh,
das Kind war so süß,
kein Maler kann es so malen.

Refrain:

5. Geht nur lieber selber, ich kann's euch nicht be-
schreiben, was gestern
auf der Heide für ein Wunder ist geschehen.

Refrain:

Margrit Prauß

Mein Fotoalbum

Mein einziges Geschenk von meiner Großmutter war ein Fotoalbum, das ich mit etwa 10 Jahren erhielt.

Es hatte einen rot-schwarzen Kunstlederdeckel.

Rot-Schwarz wurden die Symbolfarben für mein Leben. Rot für die positiven Seiten, Schwarz für die negativen Abläufe.

Als ich am Ende der „Mittleren Reife" einen Abschlußaufsatz schreiben sollte, wählte ich auch für dessen Dekoration die Farben Rot-Schwarz.

In das Fotoalbum von meiner Oma klebte ich meine Bilder, die ich bis 1970 besaß. Ich habe dieses Album bis heute und schaue immer wieder hinein.

Dann denke ich an meine Kindheits-, Studien- und ersten Berufsjahre mit „gemischten" Gefühlen zurück.

Gela, 21.4.2021

Das Wunder des Backens

Nach langer Pause saßen wir "Alten" wieder einmal zusammen. Schimpfend und auch niedergeschlagen denn, seit 2020 und nun auch schon fast ein halbes Jahr 2021 hatte uns so ein kleiner fieser Virus mit dem Namen Corona im Griff. So diskutierten wir welche Generation wohl am meisten unter den Folgen der Pandemie zu leiden hätte. Stellten dann aber auch fest, dass viele ungeahnte Fähigkeiten wieder entdeckt wurden.

Gemeinsames Spielen mit den Kindern, dass man Bücher nicht nur ansehen sondern, auch lesen kann und auch praktische Dinge wie Kochen und Backen stehen jetzt auf dem Programm. Socken stricken war schon einige Zeit "in". Aber wie war das in unserer Jugend mit dem Backen. Nur selten verfügten wir, jung verheiratet, über eine perfekt ausgestattete Küche. Aber gebacken haben wir doch auch, denn immerhin wollten wir ja unseren Partner verwöhnen.

Die Lösung: Das Backwunder. Nun ja – solche Teile gibt es heute auch noch. Aber was wir damals bekamen, gibt es nur noch in antik. 1956 kam ich rein zufällig, als Glücksfall, an ein Exemplar. Es nannte sich "Rönsch Glasherd". Unter dem Namen kann man sich einfach nichts Richtiges vorstellen. Glasherd, was war das? Wie sah er aus? Er bestand aus einem Bodenelement, rund, aus Aluminium. Ein Zwischenteil aus Glas, nach oben hin kleiner werdend und mit einem abschließenden Deckel, auch aus Aluminium. Boden und Deckelelement waren elektrisch heizbar und auch einzeln zu nutzen, sodass man Ober- und Unterhitze hatte. Dazu eine Napfkuchenform aus Jenaer Glas und einen Rost aus Edelstahl, dazu ein umfangreiches Kochbuch.

Insgesamt ein recht großes Teil.

Es gab aber auch eigentlich nichts, was man damit nicht machen konnte. Ob Napfkuchen oder Kuchen aus der Springform, es ging alles. Sogar Plätzchen auf dem Boden der Springform gelangen prima. Dauerte zwar etwas länger (wegen der Größe) aber ging prima. Der Kesselgulasch für die Gartenfete wurde auf dem Unterteil einfach super. Hätte ich doch beinahe vergessen: Einwecken konnte man auch damit.

Alle unseren Freunde beneideten uns um unseren „Wunderherd". War aber gar nicht so einfach zu bekommen. Uns begleitete der „Rönsch Glasherd" einige Jahre, bis wir eine Wohnung mit einer richtigen Küche bekamen. Doch damit war seine Nutzung lange nicht vorbei. Wir hatten Hunde. Die wollten natürlich gutes Futter haben. Dosenfutter, das die Fütterung einfach macht, gab es damals noch nicht und so hieß es: Selber kochen. Nun raten sie mal worauf das gekocht wurde? Natürlich auf dem Unterteil unseres Glasherdes. Eigentlich gab es nichts, wofür er nicht zu gebrauchen war.

Wenn ich so rechne, es kommen mehr als zwanzig Jahre Nutzung zusammen. So lange Nutzungsdauer gibt es in unserer Hochtechnologiezeit wohl kaum noch.

Eva-Maria Kluck

Rosen – Vase – Ärger

Es ist wieder einmal Sommer. Wir hofften alle, dass er besser sein würde, als die der letzten drei Jahre. Der Sommer 2018 war einfach zu nass. Ständig Regen. 2019 war es dann extrem warm. Na ja – lieber schwitzen als der Dauerregen des Vorjahres, trösteten wir uns. 2020 fragten wir uns, was wir wohl verbrochen hatten, um so gestraft zu werden.

Es war noch heißer als im Vorjahr und dazu kam noch so ein kleiner mieser Virus, genannt "Corona", der zur Pandemie auswuchs und das gesellschaftliche Leben total einschränkte. Könnte 2021 also nur besser werden. Denkste! Hatten wir 2018 Regen, 2019 und 1920 Hitze, so hatten wir jetzt beides und zwar zusammen. Omas Waschküche wäre ein Erholungsort gegen die schwüle Witterungsluft gewesen. Zwar machte "Corona" pünktlich zur Urlaubszeit Pause, aber was uns das Wetter bescherte, hatte es seit Jahrzehnten nicht gegeben.

Riesige Wassermassen zerstörten ganze Landstriche. Es wurden Existenzen zerstört und einige Menschen haben in den Fluten ihr Leben verloren.

In unserer Gegend waren wir mit dem Geschehen auch nicht ganz glücklich. Es war aber, wenn auch die Witterung gerade für uns Ältere nicht gerade gesundheitsfördernd war, doch zu ertragen. Alles wuchs und gedieh in einer Luft wie im Gewächshaus. So auch mein ganzer Stolz, meine Rosen.

Als ich wieder einmal die Verblühten abgeschnitten hatte, fiel mir eine auf, die noch nie geblüht hatte. Sie hatte viele ungefüllte Blüten, dunkel bis zart Rosa gefärbt. Sah einfach hübsch aus. So etwas hatte ich doch schon irgendwann einmal gesehen? Es war aber lange her. Wenn ich so rechne muss es 1953 gewesen sein. Mit einer Freundin ging ich damals so gegen Mitternacht vom Tanzvergnügen im Nachbarort nach Hause.

Es gab damals viele ungepflegte Gärten in unserer Gemeinde, deren Besitzer sich nicht kümmern konnten oder wollten. Um zwei unerwünschte Begleiter abzuhängen, gingen wir in so einen Garten und versteckten uns hinter einer Hecke. Als die Herren das Warten aufgegeben hatten, sahen wir uns unsere Deckung etwas genauer an. Es waren Rosen.

Genau solche, wie ich sie jetzt in meinem Garten entdeckt habe. Sie waren auch wunderschön. Weil meine Mutter Rosen liebte, hatte ich einen Strauß gepflückt und mit nach Hause genommen in der Hoffnung, dass sie sich freuen und mir meine, um eine halbe Stunde, verspätete Heimkehr verzeihen würde. Also die Lieblingsvase meiner Mutter geholt und den Strauß hineingestellt. Als ich den Schrank, in der die Vase stand öffnete, gab es nur eines. Schreck lass nach. Ein Teil des Randes der Vase lag abgebrochen daneben.

Na ja – Wasser ging noch genügend rein und die Zweige verdeckten die kaputte Stelle. Sah trotzdem hübsch aus. Hätte ich die Rosen doch lieber in irgend einen Milchtopf gestellt. Wäre besser für mich gewesen. Am Morgen sah meine Mutter die Rosen und auch, dass die Vase kaputt war.

Das Erste war: "Du hast die Blumen geklaut und auch noch meine schöne Vase kaputt gemacht". Meine Erklärung hat sie nicht angenommen, zumal mein älterer Bruder auch noch einen schlechten Kommentar dazu abgab. Dann kam auch noch unsere Oma dazu und gab einen Bibelspruch mit dem Zusatz, dass unrecht Gut nicht gedeiht, zum Besten.

So stand ich dann als Dieb, Zerstörer der Lieblings-vase und Lügner da. Auf jeden Fall war ich nun um eine Erfahrung reicher. Auch wenn man eine Freu-de machen will, kann des schrecklich ins Auge ge-hen, und dass einem die Wahrheitsliebe nichts nutzt, wenn man das Geschehen nicht beweisen kann.

Etwas Gutes hat der Abend aber doch gebracht. Mei-ne Freundin hat einen der unerwünschten Verehrer, der nicht aufgegeben hatte sie wiederzufinden, ge-heiratet. Als sein Bruder bei ihr einmal zu Besuch war, lernte er ihre jüngere Schwester kennen und auch die Beiden haben geheiratet.

So haben sich durch diesen Tanzabend zwei glück-liche Paare gefunden. Der Verlierer war ich. Wenn auch um eine Erfahrung reicher, so war mein Famili-enleben doch lange Zeit gestört, zumal der wirkliche Zerstörer der Vase nie den Mut aufgebracht hat, die Angelegenheit aufzuklären.

Eva-Maria Kluck

Kinderspiele

Die Kinderjahre – ach, so weit!
Es war 'ne unbeschwerte Zeit.
Wir spielten fröhlich, ohne Sorgen.
Zur Schule ging es früh am Morgen.
Zur Mittagszeit die Klingel ruft,
aus der Küche Essenduft.
Gemeinsam speisen, dann nach Haus –
endlich ist der Schultag aus!
Die Pflichten: Hausaufgaben machen,
den Einkauf und noch andre Sachen.
Danach – hurra! – ist Spielezeit!
Manchmal mit Vielen, auch mal zu Zweit.
Bälle, Springseil, Puppenwagen –
konnt man leicht ins Freie tragen.
Die Puppenmuttis spielten gern
auf der Wiese, die nicht fern.
Sie flochten Kränze aus den Blüten,
mußten sich vor Bienen hüten.
Beliebt bei Kindern, groß und kleinen:
Spiel mit Murmeln oder Steinen.
Die bunten Kugeln – Glas und Ton –
rollten wunderbar davon.

Ein rundes Loch im Erdenboden –
ganz schnell hat man es ausgehoben.
Das Spiel voll Eifer nun beginnt,
gewinnen möchte jedes Kind.
Hat Eines keine Murmeln mehr,
war das Herz von Kummer schwer.
Mit Steinchen spielte Hopse man,
das Spielfeld einfach malen kann:
auf Stein mit Kreide – oder auch –
im Sand gezeichnet, war der Brauch.
Stets beliebt: im Kreise spielen –
singend, lachend, gern mit Vielen.
Auch das Fangen machte Spaß,
die „Blinde Kuh" fraß niemals Gras.
Für die meisten dieser Spiele
gab es Abzählreime viele.
Die Phantasie trieb reichlich Blüten,
wir konnten sie für uns behüten.
Unsre Kindheit unbeschwert,
nicht von der Medienwelt zerstört.
Wie sich die Welt verändert hat –
da sind manche Alten „platt"!

Hannelore Wolf

Die Kristallschale

Meine Schwiegermutter war eine fleißige und trotzdem, im Alter, eine arme Frau. In ihren jungen Jahren war Krieg und sie war mit ihren 6 Kindern allein.

Sie ist bei Wind und Wetter „über Land" gezogen und hat versucht, bei den Bauern alles Mögliche für ein paar Lebensmittel einzutauschen. Dabei waren einige Bauern nicht zimperlich. Oft wurde sie übervorteilt, manchmal auch mit Hieben und bösen Worten vom Hof gejagt.

Vier ihrer Kinder mussten ebenfalls in den Krieg ziehen. Nur zwei von ihnen kamen lebend heim. Die anderen beiden jungen Männer sind gefallen und sie bekam das Mutterkreuz, was in keiner Weise tröstlich war. So ein sinnloses Opfern von Söhnen in einem fürchterlichen Krieg.

Sie wohnte in Prenzlau und diese (heute wieder sehr schöne Stadt) wurde dem Erdboden gleich gemacht. Sie musste umziehen und mit wenigem Hab und Gut zog die Familie nach Zehdenick. Kurz darauf verstarb ihr Mann, die Kinder zogen in andere Städte, grün-

deten Familien und versuchten sich eine Existenz aufzubauen – und sie war nun allein.

Oft kam sie zu uns zu Besuch. Sie konnte schlecht laufen und sie konnte ihre Füße auch nicht mehr selbst pflegen. Wenn sie dann bei uns war, dann pflegte ihr Werner (mein Mann) ihre Füße. Er konnte es nicht mit ansehen, dass sie so unter den Schmerzen litt. Alles, was ihm möglich war, ließ er ihren Füßen angedeihen und erhöhte damit ihr Wohlbefinden.
Sie hatte nur eine kleine Rente, wollte ihm aber unbedingt auch eine Freude machen.

Durch all die schweren Jahre, Krieg, ausgebombt sein, Umsiedlung und Armut, konnte sie einige kleine „Schätze" retten. So besaß sie noch eine Kristallschale, dunkelgrün, mit kunstvoll eingeschliffenen Trauben. Diese schenkte sie ihm und er hat sich ehrlich darüber gefreut.

Bis heute wird die nun fast 100 Jahre alte Schale in Ehren gehalten.
Ein Geschenk, aus Dankbarkeit, weckt auch heute noch Erinnerungen an diese Zeit.

Hanna, April 2021

Die Autoren:

GELA (Jahrgang 1943)
Hobbies: Theatergruppe, Wandern

Eva-Maria Kluck (Jahrgang 1935)
Geboren in Berlin, von 1936 bis 1997 in
Kleinmachnow gelebt, danach in Stahnsdorf.

Berufe: Maßschneiderin und Wirtschaftskauffrau
Sie war als Angestellte im Rat der Gemeinde Klein-
machnow, in der Landwirtschaftsbank in Potsdam
und von 1975 bis 2000 im Gesundheitswesen (Ge-
schäftsleitung, ab 1997 Leiterin des Senioren-
büros AVUS) in Teltow tätig.

Hobbys: Aus dem Leben schreiben: Anekdoten, bissige
Leserbriefe, Glossen und Familiengeschichte, ehren-
amtliche Tätigkeit in Selbsthilfegruppen.

Margrit Prauß (1947)
ist in Sachsen geboren und aufgewachsen.

Beruf: Krankenschwester, Ausbildung med. Fach-
schule Hubertusburg Wermsdorf.

Seit 1969 wohnt sie in Teltow, hat 2 Töchter und 4 zauberhafte Enkelkinder. Sie liebte immer schon „Deutsch" in der Schule, schrieb gerne Aufsätze, später Briefe. Gedanken, Erinnerungen und Erfahrungen aus ihrem Leben zu formulieren macht ihr viel Freude und sie gibt diese gern weiter.

Hannelore Wolf (Jahrgang 1944)
geboren in Westpreußen, nach der Flucht aus Danzig in Mecklenburg aufgewachsen, Ausbildung zur Kindergärtnerin im Schweriner Schloß. Umzug 1963 nach Leipzig, Heirat und Umzug 1967 nach Teltow.

Tätig als Kindergärtnerin, Wechsel in die GRW-Bibliothek, nach der Wende als Sachbearbeiterin im Sozialamt Teltow, seit 2009 Rentnerin.
Sie ist verheiratet, hat 3 Kinder und 4 Enkelkinder.

Hobbys: Singen im Chor, Mitglied einer Sportgruppe, Reisen und Tanzen, Verfassen von Versen zu bestimmten Anlässen sowie spontanes Schreiben kleiner Gedichte!

Ellen Wutschik (Jahrgang 1964)
Geboren in Potsdam-Babelsberg

Karin Brzezicha (Jahrgang 1943)

Sie verbrachte ihre Kindheit in Potsdam und wurde nach ihrer Ausbildung Erzieherin bis 1967 in Potsdam. 1967 bis 2007 Kita-Leiterin in Potsdam und Berlin.

Später wieder ein Umzug in die Nähe von Potsdam. Gelandet in Teltow. Danach ehrenamtliches Engagement bei der AWO-TELTOW, Mitarbeit im Projekt „JAHA" (Junge Alte helfen alten Alten).

Seit kurzer Zeit Stellvertreterin des AWO-Ortsvereins. Seit 2012 Mitglied des Seniorenbeirats der Stadt Teltow. Frau Brzezicha ist verheiratet, hat 3 erwachsene Kinder und 7 Enkelkinder.

Hanna (Jahrgang 1937)

Geboren in Zehdenick kam Hanna vor 57 Jahren mit ihrem Mann nach Potsdam.

Hier arbeiteten und lebten sie mit ihren 2 Töchtern, und waren glücklich verheiratet, bis ihr Mann 2009 starb.

Sie unternahmen gemeinsam viele Reisen, nach 1989 auch einige in die Länder, in denen Besuche bis dahin nicht möglich waren.

Sie liebten ihren Garten und verbrachten dort viel Zeit mit ihren Enkelkindern.

Beate (Jahrgang 1964)

Sie lebt in Jüterbog, hat einen großartigen erwachsenen Sohn, liebt die Ostsee und die Ruhe in der Natur.

Carmen Sabernak (Jahrgang 1958)

Schreibt am liebsten mit Blick auf das Meer oder auf ihrer Rosenbank im Familiengarten.

Bisher erschienen

Aus der Reihe „Perlen unserer Erinnerung" sind bereits (im BoD Verlag zum Preis von 5,00 Euro) erschienen:

„Hannas Weihnachtsengel" erschienen 2013
ISBN: 9783732280414

„Begegnungen im Leben" erschienen 2013
ISBN: 9783732280889

„Verlust und Wiederfinden" erschienen 2015
ISBN: 9783734745812

„Elli" erschienen 2015
ISBN: 9783734769276

„Mein Berlin - Mitten mang und Dichte bei" erschienen 2015
ISBN: 9783738613599

„Am Wege blüht Vergissmeinnicht" erschienen 2015
ISBN: 9783738629262

„Singen und Wandern - das ist unser Leben" erschienen 2015
ISBN: 9783738659931

„Jahreswende - von Anfang bis Ende" erschienen 2016
ISBN: 9783741276798

„Sehnsucht, Glück und Bäume" erschienen 2017
ISBN: 9783848257195

„Täuscht der schöne Schein?" erschienen 2018
ISBN: 9783748111948

„Winterperlen" erschienen 2018
ISBN: 9783748101093

„Sommer-Zeit-Reise" erschienen 2019
ISBN: 9783748146964

„Geflüster bei Kerzenshein" erschienen 2019
ISBN: 9783750401877

„Meine Heimat Kleinmachnow" erschienen 2020
ISBN: 9783751930772

„Meine - Deine - unsere Schulzeit" erschienen 2020
ISBN: 9783751950497

„Durch das Jahr" erschienen 2020
ISBN: 9783752672176

„Winterzeit" erschienen 2020
ISBN: 9783752672169

„Mystische Geschichten" erschienen 2020
ISBN: 9783752672190

„Liebesbriefe" erschienen 2021
ISBN: 9783755741084